CHRONIQUE DOUAISIENNE

de l'année 1856.

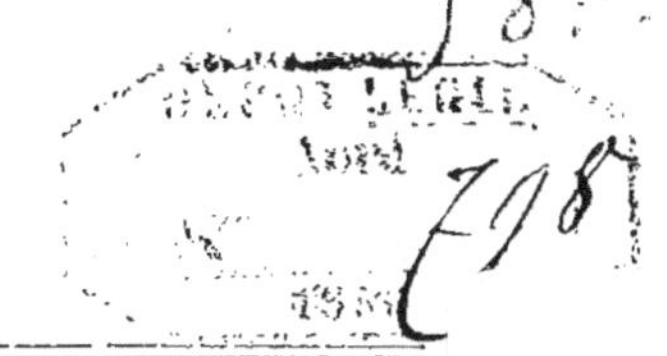

Sous ce titre, j'ai l'intention de résumer les faits hétérogènes qui ont plus ou moins marqué, pendant l'année qui vient de s'écouler, dans l'histoire de cette cité. Ce récit que je rendrai le plus succinct possible, présentera comme un tableau synoptique qui sera bon à consulter en tout temps ; il sera comme un faisceau de souvenirs essentiellement locaux qui rappelleront à tout le monde ce qui, dans un passé encore peu éloigné, aura le plus fixé l'attention, attaché l'esprit, ou impressionné l'âme. Ce relevé, qui ne peut manquer d'intéresser les habitants de Douai, sera continué, chaque année, dans cet Almanach, de façon à former, au bout d'un certain temps, l'histoire la plus fidèle de cette ville. Ce chapitre, on le voit tout de suite, a un but éminemment utile ; il renferme une pensée toute patriotique dont on saura gré à l'éditeur, en lui donnant les encouragements dont son livre espère se montrer digne dès sa première année de publication.

17 Février. — Première représentation, sur le théâtre de Douai, de l'opéra *l'Etoile du Nord*, chef-d'œuvre de Meyerbeer. La salle de spectacle est de moitié trop petite pour contenir la foule. La musique du 14e d'artillerie, pour l'orchestre, des amateurs de la ville, pour les chœurs, ont prêté leur concours pour l'interprétation de ce grand ouvrage. De magnifiques décors neufs avaient été peints par M. J. Cellier, élève très-distingué de l'école des beaux-arts. Direction de M Guillemet.

28 Février. — Installation de M. Camescasse, procureur-général près la Cour Impériale de Douai. Il succédait à M. Meynard de Franc, nommé premier président à la Cour de Riom.

28 Février. — Mort de M. Eloi De Vicq. *La Biographie universelle des contemporains* a consacré les lignes suivantes à notre compatriote :

« Vicq (Bonaventure-Charles-Henry-Eloy de) né à Douai, le 3 juillet 1777, l'un des plus habiles violonistes de l'époque. Il appartenait à une ancienne famille parlementaire, et fut obligé de tirer parti de son talent, pour faire vivre son père, sa mère et ses frères, qui avaient émigré avec lui en 1792. A peine arrivé à Hambourg, il apprend que la place de chef d'orchestre du grand théâtre est vacante, et quoique âgé de dix-sept ans seulement, il s'inscrit au nombre des candidats, et remporte le prix. Les émoluments élevés attachés à cette place, le mirent, lui et sa famille, au-dessus du besoin, et assurèrent son avenir. Quelques années après, De Vicq passa en Russie, et sa réputation se répandit dans

toutes les écoles du Nord Ce succès d'un artiste français décida Rode et Baillot
à suivre son exemple De Vicq les reçut en frères, comme il recevait tous ses
compatriotes. Aussi ces deux célèbres professeurs lui ont-ils , par reconnaissance , dédié leurs œuvres. Enrichi par son talent, De Vicq a tendu une main
secourable à un grand nombre de ses camarades d'émigration. Les composi-
teurs distingués , les Dussec, les Romberg , les Darnovick ont été fiers de son
amitié. A son retour en France , la réunion des amateurs de Paris , à laquelle
les plus grands artistes tiennent à honneur d'être agrégés , l'appela par accla-
mation, à la place de son président et chef d'orchestre. De Vicq a fait imprimer
à cette époque quelques compositions musicales estimées. Retiré à Abbeville,
patrie de sa femme, il y a fondé, à ses frais , une école gratuite de musique ,
que le gouvernement a depuis adoptée, et qui a fourni à la capitale des sujets
distingués. »

16 Mars. — La nouvelle de la naissance du Prince Impérial arrive à
Douai, elle est reçue avec le plus vif enthousiasme. En un instant, toutes les
fenêtres sont pavoisées des couleurs nationales ; à chaque coin de rue , les
habitants s'arrêtent en foule devant cette affiche :

Dimanche, 16 *Mars*.

HABITANTS DE DOUAI ,

La Providence vient de combler les vœux de l'Empereur et de la France. Ce
matin, à 3 heures 15 minutes, l'impératrice a heureusement donné le jour à un

PRINCE IMPÉRIAL !

Vous apprendrez tous avec joie cet heureux événement qui, en consolidant
la dynastie impériale, assure à l'avenir un nouveau gage de calme et de
prospérité.

Le Maire, J. MAURICE.

Il y a eu, le soir, illumination générale. Au spectacle , Mlle Coraly Guffroy
a récité une improvisaiton de circonstance due à un poëte de la localité que je
veux nommer parce qu'il porte , à une dose trop élevée, le défaut de la modes-
tie. Parmi les strophes de M. Théophile Denis, on distinguait celles-ci :

.   .   .   .

« Tonnez, voix du canon, chantez, cloches bruyantes !
Il est né, cet enfant que nos âmes ferventes,
    Attendaient en priant !
Chante, foule enivrée, immense voix des hommes !
Car ce berceau de plus, c'est, aux jours où nous sommes !
    Un grand événement !

Il est né dans l'éclat des plus brillantes gloires,
Né dans un lendemain rayonnant de victoires,
    Et veille de la Paix !
Né, comme l'arc-en-ciel, après les bruits d'orage,
Qui vient dire aux mortels que le sombre nuage,
    Disparaît à jamais !... »

.   .   .   .

A l'occasion de cette auguste naissance, le conseil municipal de Douai a fait parvenir l'adresse suivante à l'Empereur :

« SIRE,

« Le conseil municipal de la ville de Douai s'associe à la joie que vous devez éprouver comme père et comme souverain.

« Permettez-lui de vous adresser, ainsi qu'à S. M. l'Impératrice, ses respectueuses félicitations.

« Le jeune prince dont la naissance a été saluée par la France entière, vient au lendemain de la victoire et la veille de la paix, donner à la patrie un gage assuré de calme, de grandeur et de prospérité. »

Voici l'adresse de la Cour Impériale de Douai :

« SIRE,

« La France, en vous confiant ses destinées, a reconquis sa grandeur et sa prospérité; l'anarchie vaincue, l'ordre intérieur rétabli, le pouvoir respecté, l'industrie florissante et naguère récompensée par vous au sein d'une réunion mémorable de ses représentants dans le monde entier, une incessante et efficace sollicitude pour les classes laborieuses, l'équilibre européen consolidé par d'éclatantes victoires et par cette politique généreuse qui vous rend aujourd'hui l'arbitre d'une paix durable et féconde, tels sont les éléments de puissance et de sécurité dus à votre gouvernement réparateur, et qui excitent à la fois l'admiration et la profonde gratitude du pays. Il formait encore un vœu que la Providence vient d'exaucer : la naissance d'un prince, héritier de votre glorieux nom, a justement ému tous les cœurs qu'animent la reconnaissance pour les bienfaits de votre règne et le sentiment éclairé des vrais intérêts de la patrie.

« La protection divine couvrira l'auguste enfant qu'un saint pontife consacre en lui donnant son nom, et sous vos auspices, sire, ce gage précieux et populaire d'une stabilité si nécessaire après tant de vicissitudes, ne saurait faillir à l'attente de la France : arrachée deux fois à l'abîme par votre dynastie, elle peut désormais envisager dans l'avenir l'œuvre entreprise et poursuivie avec tant de génie pour le développement de sa richesse et le maintien de son ascendant.

« Pendant que nous entourons ainsi de nos vœux ce berceau sur lequel reposent tant de légitimes espérances, Votre Majesté a voulu marquer encore par sa munificence, et par de nombreux actes de clémence l'heureux évènement dont nous allons remercier Dieu par nos solennelles actions de grâces, et qui fait éclater partout les plus sympathiques manifestations.

« Les membres de la Cour impériale de Douai s'associent avec bonheur à cet élan de l'allégresse publique; daignez, Sire, leur permettre d'offrir à l'Empereur et à l'Impératrice leurs respectueuses félicitations, et de renouveler à Votre Majesté l'hommage de leur inaltérable dévouement. »

L'adresse suivante est celle des fonctionnaires de l'Académie de Douai :

« SIRE,

« En accordant un Fils à vos vœux et à ceux de la France, la Providence a donné à Votre Majesté une nouvelle preuve de son éclatante protection, et à la France elle-même un nouveau gage de sécurité et de grandeur.

« Les fonctionnaires de l'Académie de Douai s'empressent de joindre leurs respectueuses félicitations à celles que le pays dépose, en ce moment, au pied du trône

« Puisse l'héritier d'un Empire fondé sur le vœu populaire, continuer les nobles traditions de patriotisme et de sagesse dont la France recueille chaque

4 CHRONIQUE DOUAISIENNE.

jour les heureux fruits. Que la jeunesse qui grandit sous notre main s'inspire
de ces grands exemples de fermeté et de prudence, de modération et de courage ; et que, par sa fidélité, par son dévouement, elle rende douce et facile la
tâche du Prince que le Ciel fait naître aujourd'hui pour de si hautes destinées.

« Que l'enfance, elle aussi, apprenne à bénir et à aimer, dans sa généreuse
protectrice , l'auguste Mère de Celui dont le berceau est entouré de tant
d'espérances. »

30 Mars. — La paix signée à une heure, à Paris, est immédiatement
connue à Douai. A quatre heures et demie cette dépêche était affichée sur tous
les murs de la ville :

« *Paris*, 30 *Mars* 1856.

La paix a été signée aujourd'hui par tous les plénipotentiaires. »

Le Sous-Préfet de Douai, De MATHAREL.

Le lendemain matin, M le Maire prenait l'arrêté suivant :

« Considérant que la nouvelle de la paix est un évènement qui comble de
oie toute les familles,

Arrêtons :

Art. 1er. Les édifices publics seront illuminés aujourd'hui, à sept heures
et demie du soir.

Art. 2. Nous invitons nos concitoyens à illuminer à la même heure les
façades de leurs maisons.

Art. 3. A sept heures du soir, la grosse cloche et le carillon du beffroi
annonceront cette illumination.

Le Maire, MAURICE.

13 Mai. — Une société chorale de Douai, *les Enfants de Gayant*, remporte, au concours de Béthune, deux médailles d'or, l'une comme 1er prix,
l'autre à titre de prix départemental. Cette société concourait contre celles
d'Arras, Lille et St-Omer. Elle était dirigée par M. Dislère

12 Juin — Dans la séance du conseil municipal de ce jour, M. le
Maire annonce qu'il s'est entendu avec l'administration des hospices, pour la
cession des bâtiments du Mont-de-Piété qui doivent être transformés en éta-
blissements universitaires. Il exprime l'espoir de voir bientôt se réaliser ce
projet qui dotera la ville d'un monument susceptible de recevoir non-seulement l'académie et la faculté des lettres, mais encore une école de droit.

Dans cette même séance, il est question de la réception que l'on devra faire
au 19ᵉ bataillon de chasseurs à pied qui revient de la Crimée. Une somme de
1,500 fr. est votée pour couvrir les premiers frais de cette fête

15 Juin. — La ville fête le baptême du Prince Impérial. Un arrêté municipal fixe les réjouissances qui ont eu lieu dans cette journée. Il y a été fait une
distribution extraordinaire de secours. Les monuments publics ont été ouverts.
Le soir, il y a eu feu d'artifice et illumination.

19 Juin. — Le conseil municipal, dans sa séance de ce jour, revient sur
la question de recevoir dignement le 19ᵉ bataillon de chasseurs. M. le maire
expose en outre qu'une batterie du 14ᵉ d'artillerie doit rentrer également de
de Crimée sous peu de jours. Il demande un crédit de 500 fr. pour lui faire une
réception. Ce crédit est voté.

27 Juin. — Rentrée triomphale du 19ᵉ bataillon de chasseurs à pied, M.
Maire de Douai, plein de la noble ambition de saluer le plus dignement pos-

sible nos braves héros, avait adressé à ses administrés l'appel suivant qui contient en même temps le programme de la fête :

« HABITANTS DE DOUAI,

Le 19ᵉ bataillon de chasseurs à pied rentrera dans nos murs le 27 juin, à midi. Le 19ᵉ a été créé à Douai ; il est un enfant de la cité.

Débarqué en Crimée dès l'origine de la guerre, il a pris une part brillante à toutes les batailles, supporté héroïquement toutes les souffrances de cette longue campagne.

Le 19ᵉ a noblement soutenu la gloire du drapeau de la France ; il a droit à toutes les sympathies de la population : l'accueil qui l'attend parmi nous sera, nous n'en doutons pas, digne de ces braves soldats.

Confiant dans les sentiments qui vous animent, nous avons de concert avec l'autorité militaire, arrêté et arrêtons :

Art. 1. Une cavalcade composée de jeunes gens se rendra au-devant du bataillon, à 6 kilomètres de la ville.

Art. 2. Le corps des sapeurs-pompiers ira également au-devant du bataillon, à 3 kilomètres de distance, pour lui offrir des bouquets et les vins d'honneur.

Art. 3. La musique de la ville accompagnera le corps des sapeurs-pompiers.

Art. 4. L'Administration et le conseil municipal se rendront au-devant du bataillon, jusqu'à la limite du territoire de la commune.

Ars. 5. Les autorités civiles et militaires iront aussi au-devant du bataillon, en dehors de la porte de Paris.

Art. 6. Le cortège, à l'entrée de la ville, sera établi de la manière suivante :

1° La cavalcade.

2° La musique du 14ᵉ régiment d'artillerie.

3° La musique de la ville.

4° Les autorités civiles et militaires marchant en avant du bataillon.

5° Le 19ᵉ bataillon en entier, avec son dépôt, qui prendra la gauche.

6° Le bataillon des sapeurs-pompiers.

7° Quatre pelotons dont trois du 14e d'artillerie et un de la 10e compagnie d'artillerie.

8° Le dépôt du 2e bataillon de chasseurs à pied.

9° Le dépôt du 20e bataillon de chasseurs à pied.

Art. 7. Le cortège entrera par la porte de Paris, et suivra les rues de Paris, de la Mairie, de la Cloris, Marché-aux-Poissons, la Massue, la Petite-Place, la Cloche, St-Samson, des Vierges, Equerchin et la rue des Casernes.

Art. 8. Un arc de triomphe rappelant les batailles auxquelles le bataillon a pris part sera élevé rue de la Mairie, à l'extrémité ouest de l'Hôtel-de-Ville.

Art. 9. La façade de l'Hôtel-de-Ville sera pavoisée et ornée de drapeaux.

Les habitants des rues traversées par le cortége sont invités à décorer également la façade de leur maison.

Art. 10. Une distribution de vin et de comestibles sera faite par la ville aux sous-officiers et soldats du 19e bataillon, par les soins des chefs de corps qui ont bien voulu prêter leur concours à la ville.

Art. 11. A huit heures et demie du soir, le maire, les adjoints et les membres du conseil municipal offriront un punch, dans les salons de l'Hôtel-de-Ville, aux officiers du 19e bataillon.

Art. 12. Toutes les autorités et la troupe devront être rendues en dehors de la porte de Paris, à onze heures trois-quarts.

A la mairie de Douai, le 24 Juin 1856.

Le Maire, MAURICE.

27 Juin. — Tous les solennels incidents de cette journée ont été relatés dans les journaux de la localité, dans l'*Indépendant* surtout où, sous la plume de M. Denis, le charme de la narration se mêle à la profusion des détails. Le bataillon est arrivé à Cantin vers neuf heures ; il a été reçu dans ce village avec enthousiasme. Une cavalcade, en tête de laquelle se trouvait M. Pinquet, l'attendait au sortir de cette commune. Au *Raquel*, nouvelle réception de la part du bataillon de sapeurs-pompiers. Le 19ᵉ trouve ensuite M. le maire de Douai et le conseil municipal à l'entrée du faubourg de Paris. Près de l'octroi, c'est le général d'artillerie, ce sont toutes les autorités, les membres de l'Académie, de la Faculté, etc., etc. A chaque station, un discours fut prononcé. Le cortége s'étant organisé, on entra en ville. Pluie de fleurs et de couronnes, acclamations retentissantes, enthousiasme indescriptible. Banquet dans la cour de la caserne d'Equerchin. Le soir, punch offert par la municipalité à MM. les officiers du 19ᵉ.

Voici les discours qui ont été prononcés dans cette journée :

Discours de M. GUILBERT, *maire de Cantin.*

« Que je suis heureux, brave 19ᵉ bataillon de chasseurs, de me trouver l'interprète des habitants de la commune de Cantin, pour vous exprimer ce qu'ils ressentent, en ce moment, d'orgueil et de bonheur à vous saluer !

Placés comme l'avant-garde de la ville où vous attend une réception plus grandiose, c'est déjà un précieux privilége pour nous de pouvoir, le premier, vous féliciter et vous exprimer l'admiration que votre bravoure a excitée dans ces contrées.

» Encore quelques moments de marche, et les manifestions qui vous attendent, vous en diront plus que ma parole.

» Vive le 19ᵉ bataillon de chasseurs à pied !! »

Discours de M. DELOFFRE, *ex-commandant de la garde à cheval.*

« Nous avions hâte de venir adresser nos félicitations à ces soldats valeureux dont la vue nous rappelle tant de belles victoires.

» Qu'ils sachent bien que, pour n'avoir pas partagé leurs périls, nous les comprenons, et nous savons rendre hommage à la bravoure dont ils ont donné tant de preuves !

» Soyez auprès de vos troupes glorieuses, M. le commandant, notre interprète, et dites-leur bien que les habitants de Douai les attendent avec tout l'enthousiasme que soulève la mémoire des plus nobles exploits.

» Vive l'Empereur ! »

Discours de M. Jules PINQUET, *au nom de la jeunesse de Douai.*

« 19ᵉ bataillon de chasseurs à pied,

» Il appartenait à la jeunesse douaisienne de voler, la première, au devant des vaillants héros dont nous attendions impatiemment le retour.

» Salut donc à vous, immortelle phalange de la grande armée d'Orient ! Salut, digne et noble bataillon dont la gloire sut illustrer la cité qui fut ton berceau !

» C'est avec un profond sentiment d'orgueil, soldats, que nous vous revoyons, et que nous crions du fond de nos âmes : « *Chasseurs du* 19ᵉ, *partout où vous rencontrerez un Douaisien, vous êtes sûrs de trouver un frère dont le cœur vous aime et vous admire.* »

« D'autres voix vous parleront tout-à-l'heure au nom d'une population enthousiaste qui vous désire avec la plus vive ardeur ; d'autres voix vous diront toutes les douces et touchantes émotions qu'enfante le bonheur de vous revoir.

» A nous le devoir, l'honneur de vous montrer la route ; à nous la joie de vous dire, les premiers : « *Venez, là-bas, une grande famille attend ses enfants pour les embrasser !* »

« Venez, tous les bras vous sont tendus, tous les cœurs vous sont ouverts, tous les fronts rayonnent, toutes les poitrines palpitent, et, comme les nôtres, sont impatientes de faire retentir ce cri : *Vive le 19ᵉ bataillon de chasseurs à pied !!!* »

Discours de M. Dubrulle, *commandant des sapeurs-pompiers.*

« Monsieur le commandant,

» La ville de Douai, berceau de votre organisation, brûlait du désir de vous témoigner sa vive sympathie. Le corps des sapeurs-pompiers a voulu des premiers vous tendre une main amie. Depuis votre départ pour la Crimée, leurs vœux n'ont cessé de vous accompagner ; ils sont heureusement exaucés, Commandant, non-seulement vous revenez couvert de lauriers cueillis à l'Alma, à Inkermann, à Malakoff, à la Tchernaïa, dans la Crimée enfin, mais enfin nous aurons le bonheur de vous posséder parmi nous. Permettez aux sapeurs-pompiers de fraterniser avec vos braves chasseurs, et vous, Messieurs les Officiers, recevez chacun un modeste bouquet, symbole de vos victoires, et permettez-nous de vous offrir en même temps le vin d'honneur en portant un double toast à l'Empereur, au 19ᵉ chasseurs. »

Dicours de M. le Maire de Douai.

« Officiers, sous-officiers et soldats,

» Je viens, entouré du Conseil municipal, vous dire au nom de tous les habitants de la ville, combien nous sommes heureux de votre retour.

» Le 19ᵉ a été créé à Douai, nous le considérons tous comme un enfant de la cité, aussi nos cœurs ont-ils suivi tous vos pas dans cette longue et glorieuse campagne avec le vif intérêt que l'on porte à des concitoyens

» Vous allez être reçus par toute une population émue du souvenir de vos souffrances, fière de votre courage et de votre gloire: les Douaisiens salueront en vous, avec enthousiasme et bonheur, les vainqueurs de l'Alma, d'Inkermann, de Tracktir et de Sébastopol : partout on vous tendra des mains amies, partout vous trouverez des cœurs dévoués. Chacun, en vous revoyant, se rappellera les faits d'armes par lesquels vous vous êtes illustrés et redira avec nous :

» Honneur à vous, héroïques soldats du 19ᵉ, qui avez si dignement répondu à la confiance de l'Empereur, si noblement soutenu l'honneur du drapeau de la France ! La ville de Douai comptera parmi ses beaux jours celui de votre rentrée dans ses murs ! »

Discours de M. le Général Migout.

« Messieurs les officiers,

» Le 19ᵉ bataillon de chasseurs est le premier corps ayant fait partie de l'armée d'Orient qui entre dans la place de Douai.

» La garnison toute entière s'est portée au devant de lui pour le féliciter sur sa belle conduite à la guerre, et pour témoigner de sa digne sympathie pour tous les corps de l'armée de Crimée.

» Cette armée est la digne fille de celles qui ont combattu à Austerlitz et à Friedland ; comme elles, elle a vaincu les Russes ; comme elles, elle leur a arraché une paix glorieuse.

» Vous trouverez dans la garnison de Douai des officiers qui ont servi en.

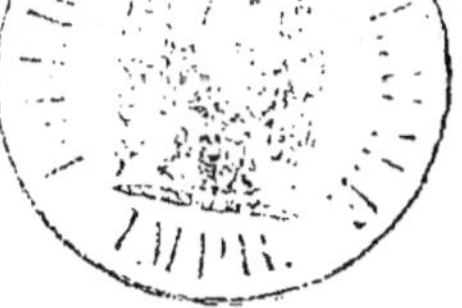

Crimée , et prochainement le 14ᵉ régiment d'artillerie à cheval recevra sa 2ᵉ batterie qui rentre d'Orient où , comme le 19ᵉ bataillon de chasseurs, elle s'est distinguée dans plusieurs affaires importantes.

» Nous allons vous accompagner à votre quartier ; la population de Douavous attend avec impatience ; cette cité généreuse se rappelle que le 19ᵉ bataillon a été organisé dans ses murs , elle veut s'associer à la gloire de ses enfants.

» Au banquet que la ville vous offre , nous porterons ensemble la santé de l'Empereur, lequel dans notre pensée est inséparable de l'armée. »

Pendant le repas fait à la caserne , M. le Général MIGOUT *a porté le toast suivant :*

» Officiers, sous-Officiers, chasseurs des bataillons en garnison à Douai, nous allons porter ensemble la santé de l'Empereur.

» Napoléon III, l'élu du peuple français, a justifié tout ce que la nation attendait de lui. A peine est-il sur le trône depuis quelques années , et déjà l'agriculture, les arts, l'industrie , le commerce ont pris un essor inaccoutumé : une paix glorieuse, signée dans un congrès réuni à Paris, a replacé le peuple français à la tête des nations.

» En ce jour de fête, répétons ensemble ce cri que vous avez poussé sur les champs de bataille et qui, pour tout soldat Français , est un cri de victoire : *Vive l'Empereur !*

« Mais ce toast serait imcomplet si nous ne portions pas aussi la santé de l'Impératrice, cette compagne chérie de notre Empereur , qui s'associe si noblement à tout le bien qu'il fait pour soulager ceux qui souffrent :

» *Vive l'Impératrice ! Vive le Prince Impérial !* »

17 Juillet. — Réception de la 2ᵉ batterie du 14ᵉ d'artillerie. Cette fête rappelle en tous points celle du 27 juin. Elle a de même été minutieusement racontée par M. Denis, rédacteur de l'*Indépendant*. Voici l'appel que M. le Maire fit, en cette nouvelle circonstance, à ses administrés :

« HABITANTS DE DOUAI,

La 2ᵉ batterie du 14ᵉ régiment d'artillerie doit rentrer à Douai le 17 juillet, à midi.

Comme le 19ᵉ bataillon de chasseurs à pied, la 2ᵉ batterie a vaillamment combattu en Orient. Elle a bravé héroïquement les dangers et les fatigues d'un siége unique dans l'histoire : elle a contribué pour une large part au succès de la bataille du Traktir.

L'accueil chaleureux et sympathique que vous ferez à ces braves canonniers, leur prouvera que les Douaisiens savent apprécier la véritable bravoure et les services rendus à la patrie.

Confiant dans les sentiments qui vous animent, nous avons, de concert avec les autorités civiles et militaires, arrêté et arrêtons :

Art. 1ᵉʳ. Une cavalcade composée de jeunes gens se rendra au-devant de la batterie, à 6 kilomètres de la ville ; elle lui offrira les vins d'honneur.

Art. 2. Le corps des sapeurs-pompiers ira également au-devant de la batterie, à 3 kilomètres de distance, pour lui offrir des bouquets et des vins d'honneur.

Art. 3. La musique de la ville accompagnera le corps des sapeurs-pompiers.

Art. 4. L'administration et le conseil municipal se rendront au-devant de la batterie jusqu'à la limite du territoire de la commune.

Art. 5. Une tente sera dressée hors de la porte de Paris, pour recevoir les autorités civiles et militaires qui se seront rendues au-devant de la batterie.

Art. 6. Le cortége, à l'entrée en ville, sera établi de la manière suivante .

1° La brigade de gendarmerie à cheval ;
2° La cavalcade ;
3° La musique du 14ᵉ d'artillerie ;
4° La musique de la ville ;
5° Les autorités civiles et militaires marchant en avant de la batterie ;
6° La 2ᵉ batterie avec l'étendard ;
7° Le 14ᵉ régiment prenant la gauche ;
8° Le bataillon des sapeurs-pompiers ;
9° Le dépôt du 7ᵉ bataillon de chasseurs à pied ;
10° Le 19ᵉ bataillon de chasseurs à pied.

Art. 7. Le cortége entrera par la porte de Paris et suivra les rues de Paris, de la Mairie, des Procureurs, Saint-Pierre, des Blancs-Mouchons, des Ecoles, pour arriver à la caserne de Marchiennes.

Art. 8. Un arc-de-triomphe rappelant les batailles livrées pendant la campagne de Crimée , sera élevée rue de la Mairie, à l'extrémité ouest de l'Hôtel-de-Ville.

Art. 9. La façade de l'Hôtel-de-Ville sera pavoisée et ornée de drapeaux. Les habitants des rues traversées par le cortége sont invités à décorer également la façade de leurs maisons.

Art. 10. Une distribution de vin sera faite par la ville à tout le 14ᵉ régiment d'artillerie, par les soins des chefs du corps, qui ont bien voulu prêter leur concours.

Art. 11. Les troupes seront rendues en dehors de la porte de Paris, à onze heures trois-quarts.

A la mairie de Douai, le 15 juillet 1856.

Le Maire, MAURICE.

Voici les allocutions prononcées pendant la journée du 17 juillet.

Discours de M. GUILBERT, *maire de Cantin.*

« Capitaine,

» Il y a trois semaines environ, j'avais, comme aujourd'hui, le bonheur de serrer la main d'un chef qui revenait, couvert de gloire, à la tête de ses valeureux soldats.

» Avec ce plaisir, capitaine, permettez-moi celui de vous présenter, ainsi qu'à vos troupes, les vives et sympathiques félicitations des habitants de la commune de Cantin. Vous le voyez, c'est pour eux le jour d'une belle fête ; car tous ont quitté spontanément leurs travaux rustiques pour accourir à votre rencontre, heureux qu'il sont de saluer, de leurs acclamations, ces braves dont la France est justement si fière. Aussi suis-je persuadé d'être leur plus fidèle écho en m'écriant :

» *Vive le 14ᵉ d'artillerie !*
» *Honneur à la 2ᵉ batterie !* »

Discours de M. Jules PINQUET.

« 2ᵉ batterie du 14ᵉ d'artillerie,

» La jeunesse douaisienne, dont le cœur est en ce moment rempli des plus vives émotions, vient à vous, obéissant à la plus douce, à la plus sainte des inspirations, à l'impatience de saluer le retour de ses frères.

» De ses frères !... je l'ai dit : N'êtes-vous point, en effet, comme nous, les enfants de cette cité qui, sans privilégier exclusivement les liens du sang, adopte avec le même bonheur tout ce qui est noble et grand : à ce titre seul, soldats, vous seriez déjà tous des Douaisiens !

» Mais là ne s'arrêtent point vos droits : l'arme dont vous êtes les dignes représentants, a depuis longtemps conquis dans nos murs le droit de cité; nous n'en voudrions pour preuve que cette fraternisation continuelle qui, dans nos jours de fête, eut surtout son éclat; car alors, nous avons mêlé nos jeux et nos plaisirs, comme les enfants d'un même toit confondent leurs plaisirs et leurs jeux avec cette joie naturelle et touchante des premiers ans.

» Camarades, à côté de cette primitive et traditionnelle amitié, un nouveau sentiment l'admiration a jeté son germe en nous depuis votre départ pour l'Orient

» Oui, admiration et respect pour la gloire dont vous revenez couverts; admiration pour cette bouillante intrépidité qui vous anima sur les champs de bataille ; admiration surtout pour le sang généreux dont vous avez fécondé le sol de la victoire!

» Il y a quelques jours, de braves et vaillants héros, comme vous, venaient demander à notre ville le repos si justement mérité par leurs exploits ; alors, nous avions encore, les premiers, saisi l'honneur de leur montrer la route. Sans douter de l'accueil qui les attendait, jamais pourtant nous n'aurions osé concevoir l'espérance de l'ovation qui leur était réservée.

» Aujourd'hui, camarades, que nous avons pu mesurer l'amour que la mère nourrit pour ses fils absents, nous vous crions avec un redoublement de confiance : « Venez, la famille appelle ses enfants glorieux ; les bras sont tendus
» pour vous étreindre ; les yeux sont ouverts pour vous admirer, les cœurs
» pour vous aimer, les poitrines pour vous crier, comme les nôtres :

» *Vive le 14ᵉ régiment d'artillerie!* »

Discours de *M*. Dubrulle, *commandant des Sapeurs-Pompiers.*

Braves artilleurs ,

« Le corps des sapeurs-pompiers de Douai est heureux et fier de saluer votre retour, et de vous exprimer combien , pendant une longue guerre, il participait de cœur à toutes vos fatigues , comme aussi il applaudissait à chaque nouvelle de vos vaillants exploits.

« Honneur à vous, braves soldats de la France , pour la part si glorieuse que vous avez prise à la campagne d'Orient et surtout à la bataille de Tracktir, et à l'anéantissement de Sébastopol.

« Couverts des lauriers que vous avez cueillis dans cette lutte mémorable, rentrez avec orgueil dans votre ancienne garnison, au milieu de vos frères d'armes, qui, avec tous les habitants de la cité, vous attendent à cœur ouvert.

« Acceptez, mes camarades , ces premiers bouquets comme témoignage particulier de la vive et profonde sympathie du bataillon des sapeurs-pompiers.

« *Vive le 14ᵉ régiment d'artillerie.* »

Discours de M. le Maire de Douai.

« Officiers, sous-officiers et soldats ,

« L'administration et le conseil municipal de la ville de Douai viennent, au nom de la population tout entière, vous offrir leurs félicitations sur votre brillante conduite en Orient et sur votre heureux retour.

« Naguère encore nous recevions, à cette même place, le brave 19ᵉ bataillon de chasseurs à pied qui rentrait dans nos murs couvert des lauriers cueillis
» Crimée. Compagnons de ses dangers, associés à ses travaux et à sa gloire,

vous revenez aujourd'hui entourés des mêmes sympathies : les Douaisiens vous prouveront par leur accueil qu'ils apprécient dignement la véritable bravoure et les services rendus au pays.

« Nous savons avec quel inébranlable courage vous avez bravé les périls et les fatigues d'un siége unique dans l'histoire ! Nous connaissons les faits d'armes par lesquels vous vous êtes illustrés dans la journée de Tracktir ! — Soldats, la patrie vous a suivis des yeux pendant cette immortelle campagne ! Aujourd'hui, c'est avec une joie indicible qu'elle vous ouvre ses bras et vous proclame ses nobles et dignes enfants ! »

Discours de M. le Général Migout.

« Officiers et canonniers de la 2ᵉ batterie,

» Les autorités civiles et militaires de la ville de Douai , la jeunesse de ses écoles, se sont jointes à nous pour vous recevoir à votre retour de l'armée.

» Nous marchons avec l'étendard de votre régiment. Nous le placerons au milieu de vous ; vous lui servirez d'escorte en entrant en ville. Cet honneur vous est dû, car c'est par vous qu'il a reçu le baptême du sang.

» Vous allez revoir votre ancienne garnison. La population de Donai, unie à l'artillerie par d'anciens souvenirs et une vieille amitié, s'apprête à vous fêter.

» Vous voyez ici le 19ᵉ bataillon de chasseurs ; vous l'avez connu en Crimée ; son sang généreux a coulé avec le vôtre à la bataille de Tracktir ; vous avez été frères d'armes à la guerre , vous serez bons camarades dans la même garnison.

» Vive l'Empereur ! »

10 Octobre. — Dans la séance du conseil municipal de ce jour, les plans et devis de l'appropriation du Mont-de-Piété pour l'usage de l'académie et de la faculté des lettres sont soumis à l'appréciation du conseil. L'architecte lit les détails du devis. Les plans ont été approuvés par le Ministre de l'Instruction publique. Le conseil délibère qu'il les approuve.

24 Octobre. — Inauguration d'un marché au sucre créé par arrêté municipal. Il est installé dans deux salons de l'Hôtel de Flandre, en attendant qu'il puisse avoir lieu dans les nouveaux bâtiments de l'Hôtel-de-Ville.

13 Novembre. — Rentrée des Facultés. Cette cérémonie, qui avait complétement manqué, à Lille, l'année précédente, réussit à Douai au-delà de toute expression. « Nous pouvons espérer, disait dans son discours, M. Filon, doyen de la Faculté des lettres, qu'à la rentrée prochaine , la Faculté sera installée dans un local définitif, qui doit suffire à tous ses besoins, et sceller son alliance indissoluble avec la ville de Douai. » La veille, M. le Maire disait dans son discours de la séance municipale, et à propos du palais académique : « Je me suis entendu avec MM. les administrateurs du Mont-de-Piété pour que les parties des bâtiments où doivent s'exécuter les changements les plus considérables, soient livrées aux ouvriers dès les premiers jours du printemps. L'hiver même ne sera pas perdu ; on en profitera pour préparer les pierres de taille et commencer les objets de menuiserie dans les ateliers, de sorte que selon toute probabilité, notre palais académique pourra être inauguré l'an prochain, à pareille époque. »

7 Décembre. — Mort de M. de Montozon, ancien pair de France, ancien député de Douai, membre du Conseil général des départements du Nord, Maire de Lallaing.

J. B. RICOURT.

ENVIRONS DE DOUAI.

ORIGINE ET DÉMOLITION DE LA TOUR DU RAQUET.

A l'extrémité sud du faubourg de Paris, on voyait encore, au commencement de 1771, une tour appelée la *Tour du Raquet*. Cette tour avait été bâtie pour servir de guet et signaler la présence des ennemis ; une manne placée au sommet et que le guetteur abaissait, lorsqu'il apercevait ces derniers, servait de signal aux habitants occupés aux travaux de la campagne et leur donnait le temps de se réfugier dans Douai, ou dans la tour elle-même.

Les Douaisiens, chaque année, le 24 juin, faisaient hommage d'une lance sans fer ni crochets au comte d'Oisy, suzerain de Lambres, tant à cause de la permission qui leur avait été accordée de bâtir cette tour, que pour le droit qu'ils avaient d'acheter des terres sur le terroir du village de Lambres.

La ville de Douai entretenait encore, au 17e siècle, une garde dans cette tour, dont la suppression fut décidée en vertu d'une ordonnance des échevins, le 4 mai 1771. Les matériaux provenant de sa démolition furent employés à la construction du quai situé vis-à-vis du magasin aux fourrages, près de la sortie des eaux.

La date de la fondation de cette tour n'est pas connue, on sait néanmoins qu'elle existait en 1364, puisque des manuscrits rapportent que vers cette époque, Jean de Raismes (1), marchand de blé, convaincu d'avoir usé de fausses mesures, fut condamné à être pendu et étranglé au Raquet.

Jean Raquet, maçon, lui donna son nom ; ce dernier étant ruiné fut obligé, pour vivre, de servir comme garçon dans une auberge portant pour enseigne *A la nouvelle France*, et qui, croit-on, était située dans la rue de Bellain. Un marchand étranger descendu dans cette auberge, ayant laissé voir à Jean Raquet, pendant qu'il réglait son compte avec la maîtresse de la maison, l'argent dont il était porteur, ce dernier le tua pendant la nuit et l'ayant enterré profondément dans le fumier, parvint à cacher son crime. L'histoire raconte que vers cette époque, le magistrat de Douai ayant mis à l'entreprise l'érection d'une tour à élever au faubourg de Paris, Jean Raquet, possesseur de l'argent de sa victime, s'en rendit adjudicataire. Pendant les travaux, il fut souvent harcelé par des corneilles, qui voltigeaient autour de lui, et lui donnaient des coups de bec, sans toucher aux autres ouvriers ; ne pouvant s'en débarrasser, quoiqu'il cherchât à les éloigner avec sa truelle, Jean Raquet crut voir dans ce prodige une manifestation de la colère de Dieu. Justement effrayé et accablé de remords, il avoua son crime au magistrat, qui le fit prendre.

(1) Lambert de Raismes, son fils, et Jean de Fierin, son gendre, en appelèrent au parlement de Paris, qui déclara injuste la sentence prononcée par les échevins et ordonna la réhabilitation de la mémoire du malheureux Jean, par arrêt du **18 Juillet 1366.**

(Souvenir à l'usage des habitants de Douai. page 567.)

CASTEL DU MOULIN-LE-COMTE,

AU HAMEAU DE FRAIS-MARAIS.

Ses Propriétaires depuis 1544; leurs armoiries.

Le terrain sur lequel s'élève aujourd'hui le castel du Moulin-le-Comte, d'une contenance d'environ 11 ou 12 rasières, fut vendu par la ville de Douai, moyennant la somme de 1084 livres, monnaie de Flandre de 20 gros la livre, à Jean Desgardins, ainsi que le prouve une quittance délivrée le 16 septembre 1544, par Julien Becquet, receveur de la ville de Douai. Jean Desgardins fit, selon toute probabilité, élever un manoir sur ce terrain, peu de temps après l'avoir acheté, car en 1580, nous voyons qu'Hippolyte Petipas, seigneur de Gamans, marié à Françoise Desgardins, fille de Jean, donne à bail à Nicolas Boutrouille, demeurant es maretz de Raisse (1), paroisse de Waziers, à titre de cense et louaige, tout le bien amassé de maison manable, grange, porte, establés, coulombier et autres édifices, contenant parmy jardins, pretz, terres à labeur, fosses et rues, le nombre de XI rasières d'héritaige gisant en une pièche esdis marets de Raisse, paroisse dudit Waziers et eschevinaige de la ville de Douay, tenant d'ung costé vers Lalaing, à l'héritaige quy fut Jacques de Bonnenuict, d'aultre costé vers la chaussée menant dudit Raisse à Douay à l'héritaige quy fut Monseigneur du Payaige, pardevant aux susdits maretz de Raisse, par derrière à ung chemin menant par la main dextre à la ditte chaussée, etc.

Ce manoir, après la mort d'Hippolyte Petipas et de Françoise Desgardins, devint la propriété d'Isabeau le Bailly (2), veuve de Jean Greusset, chevalier, seigneur d'Overbegue, Conseiller de leurs Altesses et Maître ordinaire en leur Chambre des Comptes de Lille, ainsi que nous le voyons par un bail de 1614. Cette dame étant morte sans enfants, le laissa à son frère Renon le Bailly (3), chevalier, seigneur d'Inghuem, Conseiller au Conseil privé du roi d'Espagne; après le décès de ce dernier arrivé le 21 février 1624 (4), son fils Charles, chevalier, Maître ordinaire aux Requêtes, Conseiller au Grand-Conseil de Malines, hérita de ce manoir et le posséda jusqu'en 1648 ou 1649.

Un acte de partage passé à Bruxelles, le 21 janvier 1650, entre Jean le Bailly, (frère aîné de Charles) chevalier, Maître ordinaire aux Requêtes du Conseil privé, Isabelle le Bailly, Philippe le Bailly, chevalier, Conseiller et Maître aux Requêtes du Souverain Conseil de Brabant et Jean le Bailly, chanoine de la collégiale de St-Amé de Douai, ses enfants d'une part, et Florille le Bailly (sœur de Charles), veuve d'Antoine de la Tour, écuyer, avoué de la ville d'Ypres, d'autre part, nous apprend qu'il fut donné à cette dernière.

Ce manoir, situé sur la droite, assez proche de la route qui mène de Douai à Pont-à-Raches, eut à souffrir du passage continuel des troupes, vers le milieu

---

(1) Aujourd'hui le Pont-à-Raches.
(2) Fille de Jean le Bailly et de Marguerite Desgardins.
(3) Christin, jurisp. her. page 206, rapporte l'épitaphe de Renon le Bailly et de son épouse Catherine de Magny, enterrés à St-Gudule, à Bruxelles.
(4) Plouvain, notes historiques relatives aux offices et officiers du conseil provincial d'Artois, page 64.

du 17ᵉ siècle, à cette époque où la France et l'Espagne se disputaient la Flandre qui fut définitivement réunie à la première de ces deux puissances par le traité d'Utrecht. Le bail de 1649 dit qu'il est totalement ruiné par les guerres ; l'acte de vente passé à Ypres, le 12 mai 1678, entre Ferdinand de la Tour, écuyer, qui en avait hérité, et André Michel Becquet, licencié en droit, avocat, greffier dépositaire de la gourvernance de Douai, époux d'Anne Marguerite Heriguer, ne fait pas mention du manoir ; il est seulement question d'un bien manoir contenant parmi les prés, jardins, etc.: ce qui nous prouve qu'à cette époque, il n'avait pas encore été relevé.

L'habitation actuelle, comme l'indique une date placée au-dessus de la porte d'entrée, fut bâtie en 1713, par le fils d'André-Michel, Pierre-Claude Becquet du Moulin-le-Comte, Conseiller pensionnaire de Douai en 1714, mort en 1756 (1). Le nom du Moulin-le-Comte donné à ce petit castel, vers le commencement du siècle passé, ne se trouve mentionné que dans la permission accordée le 22 avril 1735, par François de Baglion de la Salle, évêque d'Arras, à Pierre-Claude Becquet, seigneur du Moulin-le-Comte ; nous voyons par cet acte qu'il est permis à ce dernier de construire une chapelle et de faire dire la messe dans sa maison du Moulin-le-Comte. Simon, curé et doyen de Cuinchy, fut chargé de la bénir. Jean-de Bonneguise, évêque d'Arras, par un mandement du 11 juin 1760, ayant ordonné de renouveler les permissions données par lui et ses prédécesseurs pour la possession des chapelles domestiques, Pierre Arnould Becquet de Mégille, fils de Pierre Claude, la fit renouveler par acte du 23 juillet 1762. Ce dernier étant mort le 24 juin 1763, sa sœur, Anne-Marguerite Becquet, son héritière, vendit le castel du Moulin-le-Comte, par acte passé à Douai, le 23 août de la même année, à Messire Michel-François-Joseph-Dominique de Castro-y-Limos, chevalier de l'ordre royal et militaire de Saint-Louis, ancien lieutenant-colonel d'infanterie au régiment de Tournésis, marié à Françoise-Joseph-Narcisse de la Verdure, dame de Roselin.

Gaspard Joseph François le Boucq, chevalier, seigneur de Rupilly, Ternas, Gavrelle, etc., Conseiller au Parlement de Flandre, ayant épousé, le 10 décembre 1781, Anne-Abertine de Castro-y-Lemos, en hérita à la mort de son beau-frère et le laissa après son décès, arrivé en 1824, à son fils Amédée Jean-Baptiste le Boucq de Castro, chevalier, ancien capitaine d'infanterie au 24ᵉ régiment de ligne, qui y demeure actuellement.

Armoiries des familles qui l'ont possédé.

I. DESGARDINS.

D'or à un chevron de sable au chef échiqueté d'argent et d'azur.

II. PETIPAS.

De sable à trois faces d'argent.

III. LE BAILLY.

D'azur à trois croissants montant d'or.

---

(1) Plouvin, notes historiques relatives aux officiers de la gouvernance de Douai, page 19.

IV. DE LA TOUR.

De gueules à deux tours d'or l'une à côté de l'autre et au chef cousu de sable, chargé de trois étoiles à six raies d'or.

V. BECQUET.

D'azur à trois tours d'or crénelées de deux pièces, le troisième créneau qui est celui du côté senestre emporté.

VI. DE CASTRO-Y-LEMOS.

D'Azur à six besans d'argent posés trois et trois en deux pals au chef cousu d'azur, chargé d'une tour d'or, le tout entouré d'une bordure aussi d'or et chargée de huit sautoirs alaisés de même.

VII. LE BOUCQ.

D'azur à trois ruches d'or.

ENTRÉE DE MARGUERITE D'YORCK, A DOUAI.

Nous croyons faire plaisir à nos lecteurs en reproduisant, d'après un vieux manuscrit, les détails suivants sur les fêtes que l'on célébra à Douai, le 17 Novembre 1470, à l'occasion de l'arrivée de Marguerite d'Yorck, duchesse de Bourgogne, épouse de Charles le Téméraire.

La princesse Marguerite d'Yorck, duchesse de Bourgogne, comtesse de Flandre, accompagnée de la princesse Marie de Bourgogne, sa belle-fille, fit son entrée par la porte St-Eloy, (1) un lundi à quatre heures du soir, suivie d'un grand nombre de seigneurs et de dames de la cour. Messieurs de la loi, ainsi qu'une cavalcade composée de chevaliers, de gentilshommes et bourgeois de Douai, étaient allés, au devant d'elle, jusqu'au village de Dechy. Les compagnies bourgeoises sous les armes, escortèrent la princesse ; à son entrée en ville, on commença à sonner la blanche cloche jusqu'à son arrivée au *Verd-Hotel* où on lui avait préparé un logement. Les rues depuis la porte Morel (2) jusqu'au *Verd-Hotel* étaient éclairées par trente-six flambeaux, portés par autant d'hommes dont le magistrat avait fait choix ; sur son passage, on fit des feux de joie et on avait élevé des théâtres, sur lesquels on représenta l'histoire des dix mille martyrs, l'histoire de Notre-Seigneur au pressoir (3), l'histoire de saint Bernard.

On présenta à Marguerite d'Yorck :

1° Deux ponchons (4) de vin, l'un de Beaume, l'autre de Pinoché.

---

(1) Aujourd'hui porte de Paris.
(2) Aujourd'hui porte de Lille.
(3) Nous croyons que l'auteur a voulu désigner par cette phrase l'histoire de la passion de Notre-Seigneur.
(4) Poinçon, tonneau d'une assez grande dimension.

2 Un grand gobelet d'argent doré, dont le couvercle représentait un petit château ; le tout pesant quatre marcs, trois onces et deux estrelins (1).

3° Six belles tasses d'argent émaillées pesant chacune deux marcs.

A Marie de Bourgogne :

1° Un gobelet d'argent doré, pesant deux marcs, six onces et deux estrelins, sur le couvercle duquel on voyait l'image du roi David.

2° Un ponchon de vin.

Le lendemain on offrit à la comtesse de Charny, première dame d'honneur de la duchesse, une bourse de velours dans laquelle étaient seize florins de Reims (2).

Monseigneur le comte de Ravestain, et Monseigneur Jean, fils du duc de Clèves, reçurent chacun douze canes (3) de vin.

On donna aux compagnies de bourgeois, qui avaient été au-devant de la princesse, revêtus de leurs habits de parure, aux unes seize livres, aux autres seize canes de vin.

L'histoire des dix mille martyrs, coûta 8 livres.
    id.   de Notre-Seigneur,   id. id. id.
    id.   de saint Bernard,   id. id. id.
Les Frères-Mineurs reçurent   6 livres.
Les arbalétriers   id.   id. id.
Les archers   id.   id. id.
Les compagnons de St-Jacques et de St-Albin, 4 livres

---

(1) Poids ancien.

(2) On désignait probablement ainsi une monnaie d'or frappée dans cette ville.

(3) Mesure plus grande que le litre.